Pensées tendres à respirer au quotidien

Jacques Salomé

Pensées tendres à respirer au quotidien

Calligraphies de Lassaâd Metoui

Albin Michel

Avant de s'incarner et de se réaliser
dans un don ou un abandon,
l'amour est lumière,
vibration et mouvement
vers l'inaccessible
de l'autre.

C'est le même amour qui nous rend parfois si créatif, si fort, si enthousiaste, et d'autres fois si vulnérable, fragile ou perdu.

L’amour amoureux a besoin d’une croyance tenace,
celle de son invincibilité.

Le navire amour navigue au plus près entre dépendance et attachement, et vent arrière entre liberté et solitude.

Un amour qui nous fait
l'immense cadeau de venir
se déposer et naître en nous
a besoin de douceur,
de chaleur, d'attention,
de soins attentifs, d'écoute
et de cette sève bienveillante
appelée le respect.

L'amour partagé ne peut
se contenter de regards
et de silences, de demandes
et de réponses, il a besoin
d'attentes et d'offrandes
qui se rencontrent.

Un amour qui nous fait le cadeau de venir s'incarner en nous a besoin de beaucoup d'amour pour être agrandi, amplifié et prolongé jusque dans les rires du cœur de l'autre.

On n'aime pas quelqu'un
pour ses qualités ou sa beauté,
je crois qu'on l'aime avant tout
pour ce qu'il touche ou
rejoint en nous.

L'amour n'est ni un feu ni un foyer
de braises ardentes, c'est le ruissellement
d'une source sacrée qui cherche à
rejoindre tenacement une autre source,
parfois même à contre-courant.

Quand le désamour surgit il surprend et désole celui qui le vit, mais désespère et meurtrit celui qui le subit.

Il y a des amours usuriers
quand nous faisons payer
très cher à l'autre l'amour
que nous lui donnons.

Pour pouvoir t'aimer
sans réticence,
j'ai dû apprendre
à m'aimer sans réserve.

Le pessimiste dira :
« Les femmes ont trop de désirs ! »
L'optimiste ajoutera :
« Je l'espère de tout cœur ! »

Il y a des premiers amours
à tout âge, très tôt dans la vie,
très tard aussi dans une existence.

Il n'est pas nécessaire de chercher à tout savoir
sur l'amour ni de tenter de se rassurer en l'enfermant
dans des engagements que l'on voudrait définitifs.
On peut toutefois apprendre à l'apprivoiser
et surtout à le respecter dans chacune de nos rencontres
afin de vivre chaque partage comme un cadeau unique.

Le but du mariage n'est pas vouloir à tout prix le bonheur de l'autre, c'est se rendre heureux ensemble et s'agrandir ainsi avec le meilleur de soi et de l'autre.

L'amour c'est aussi
accepter de ne plus
envahir l'autre
de son amour
quand il ne peut
le recevoir.

Il n'y a que deux énergies
qui nous poussent à travailler,
celle développée par le besoin
de pouvoir et celle agrandie
par la possibilité d'aimer.

Même si nul ne sait à l'avance
la durée de vie d'un amour,
nous pouvons cependant
apprendre à le protéger,
à le nourrir et à le vivifier
pour lui donner toutes
les chances de trouver
une place dans le
temps d'une vie.

Le présent n'est jamais parfait
et il a beaucoup d'inconvénients
quand il est coincé entre le passé
et l'avenir, disait ma grand-mère ;
mais ce qu'il y a de bien avec lui,
c'est qu'il est à portée de mains
et que je peux commencer à le changer…
un peu.

Il y a peu de remèdes
à l'amour blessé,
sinon d'apprendre
à se respecter.

Dans toute relation amoureuse,
il convient de faire très attention
car un bonheur est si vite arrivé !
Dans tout mariage il convient
de ne pas craindre d'oser être
heureux ensemble, c'est le chemin
possible d'un bonheur durable.

Ne pas tout savoir
sur l'amour n'a encore
jamais empêché
quiconque de vivre
ni d'aimer.

Un amour
entretenu
par des gestes,
des paroles
et une confiance
en réciprocité
ne s'use jamais.

Par la tendresse nous accédons
aux différentes naissances de notre
existence, mais c'est par l'amour
que nous pénétrons au cœur même
de la vivance de la vie.

La source la plus puissante de l'amour est certainement l'amour de soi. Un amour fait de bienveillance, de respect et de compassion pour la vie que nous avons reçue en dépôt au moment de notre conception.

Un amour vivant est la rencontre
de deux sentiments d'amour.
Chacun semblable à une note
de musique qui va parfois vibrer,
s'accorder et s'harmoniser pour
faire du Mozart, oui parfois
du Mozart et d'autres fois un couac !
C'est pour cela que c'est, hélas,
toujours un risque d'aimer.

Les êtres qui se sentent aimés ont un ancrage et une place au monde. Ils restent debout dans la mouvance incertaine des blessures du quotidien.

Il est très difficile de remplir une bouteille déjà pleine. Pour pouvoir recevoir de l'amour, encore faut-il accepter de lui faire une place en nous.

Il y a dans la passion amoureuse
une violence et un désespoir
qui peuvent non seulement
blesser celui ou celle
qui aime ainsi,
mais qui va meurtrir
aussi celui qui est aimé
avec cette passion.

Je croyais n'avoir
aucun ennemi et puis,
l'âge me mettant
du plomb dans la tête,
j'en découvre beaucoup.
Ils se nomment :
intolérance, préjugé,
hypocrisie sociale,
injustice, jalousie,
rumeur, haine cachée…

Il y a dans le désir amoureux une puissance éveillante et constructive qui transcende toutes les erreurs.

Chaque individu a une histoire,
chaque événement plusieurs sources,
chaque rencontre une infinitude de possibles.

À trop rêver
de ton amour,
j'ai souvent oublié
de prendre soin
du mien envers toi.
C'est ainsi que j'ai
risqué de te perdre.

L'énergie de l'amour est le ferment le plus extraordinaire pour transformer les rêves en réalisations.

Un baiser est semblable au clin d'œil d'une étoile dans l'immensité du cosmos, il tient éveillé toute la nuit du ciel.

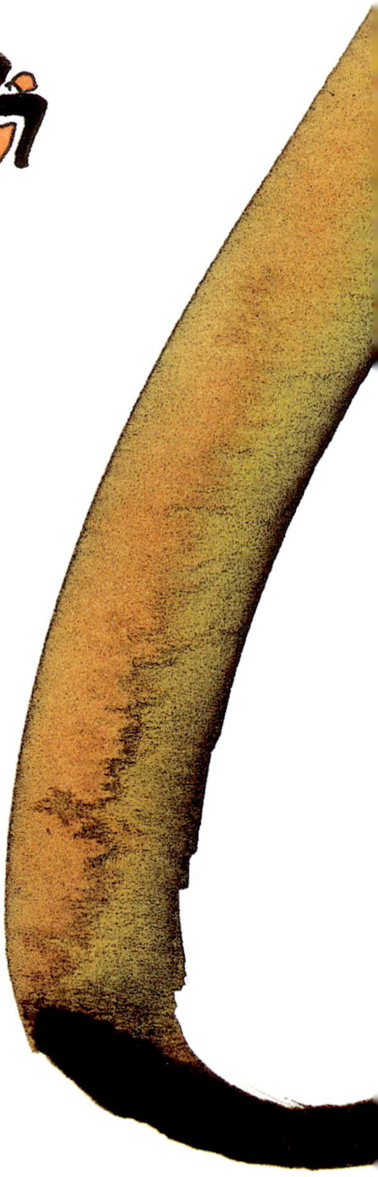

C'est la grande force
du sentiment amoureux,
de nous permettre
de n'être amoureux
que d'une seule personne
à la fois. Le sentiment
d'amour est plus fragile,
quand il nous laisse
aimer et être déchiré
entre plusieurs amours.

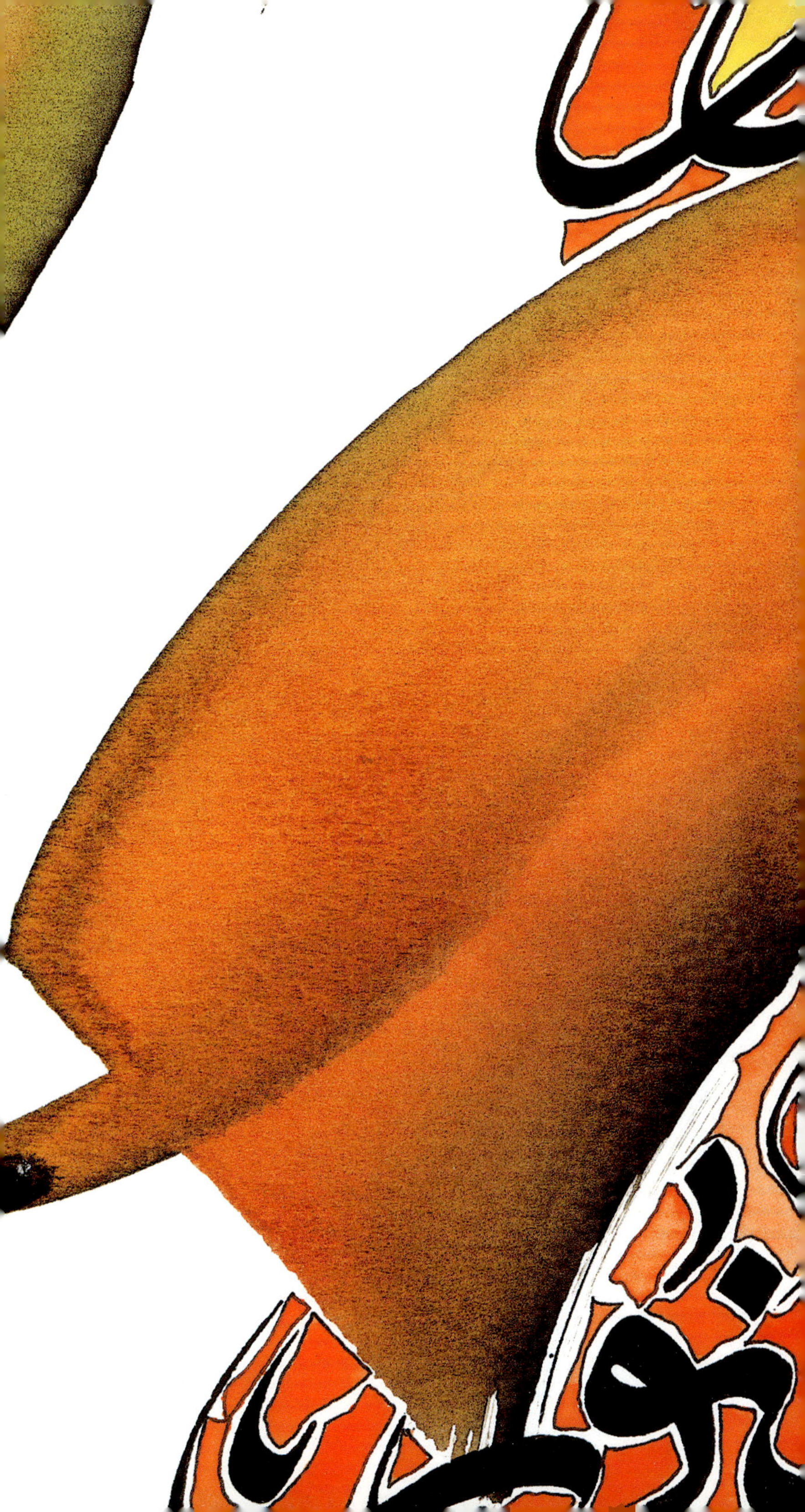

Il y a des larmes humides,
celles de la tristesse,
celles silencieuses de la détresse
et celles plus sèches d'un désespoir
qui ne peut se dire.

Dans le désamour
ne restent en présence
que deux souffrances
qui ne peuvent
se rencontrer et qui
pourtant s'accrochent
désespérément
l'une à l'autre.

Un poète persan dit que
pour retenir un éléphant
il faut un poteau,
pour un cheval
il faut une bride,
et pour retenir une femme,
il faut un cœur.
Que faut-il pour retenir
un homme ?

Un maître de sagesse
véritable n'est là que
pour vous rappeler
qu'il est possible
de vous aimer et
par là même
de vous respecter.

Quand ils se sentent trop aimés,
certains pensent qu'il faut partir.
Peut-être faut-il au contraire
aller plus loin avec l'autre,
c'est-à-dire plus près.

Au delà des mots et des déclarations,
encore faut-il être capable de proposer à l'autre
une relation pour nourrir l'amour que nous
portons et celui que nous recevons.
Et surtout éviter de mettre l'autre
en dette ou dans la dépendance
à partir de l'amour
que nous lui donnons.

L'origine de
l'égocentrisme,
de l'égoïsme
et même du
terrorisme
relationnel
rencontré dans
les relations
les plus intimes
est l'absence
de l'amour
de soi.

Un baiser à la rencontre
d'un sourire, c'est comme
le clin d'œil d'une étoile
filante à la douceur
de la nuit.

Ne jamais laisser se perdre un sourire,
s'égarer une caresse, renoncer à un baiser
ou s'interdire une parole de bienveillance,
sous peine de faire un trou, de créer un vide
irrémédiable dans l'univers.

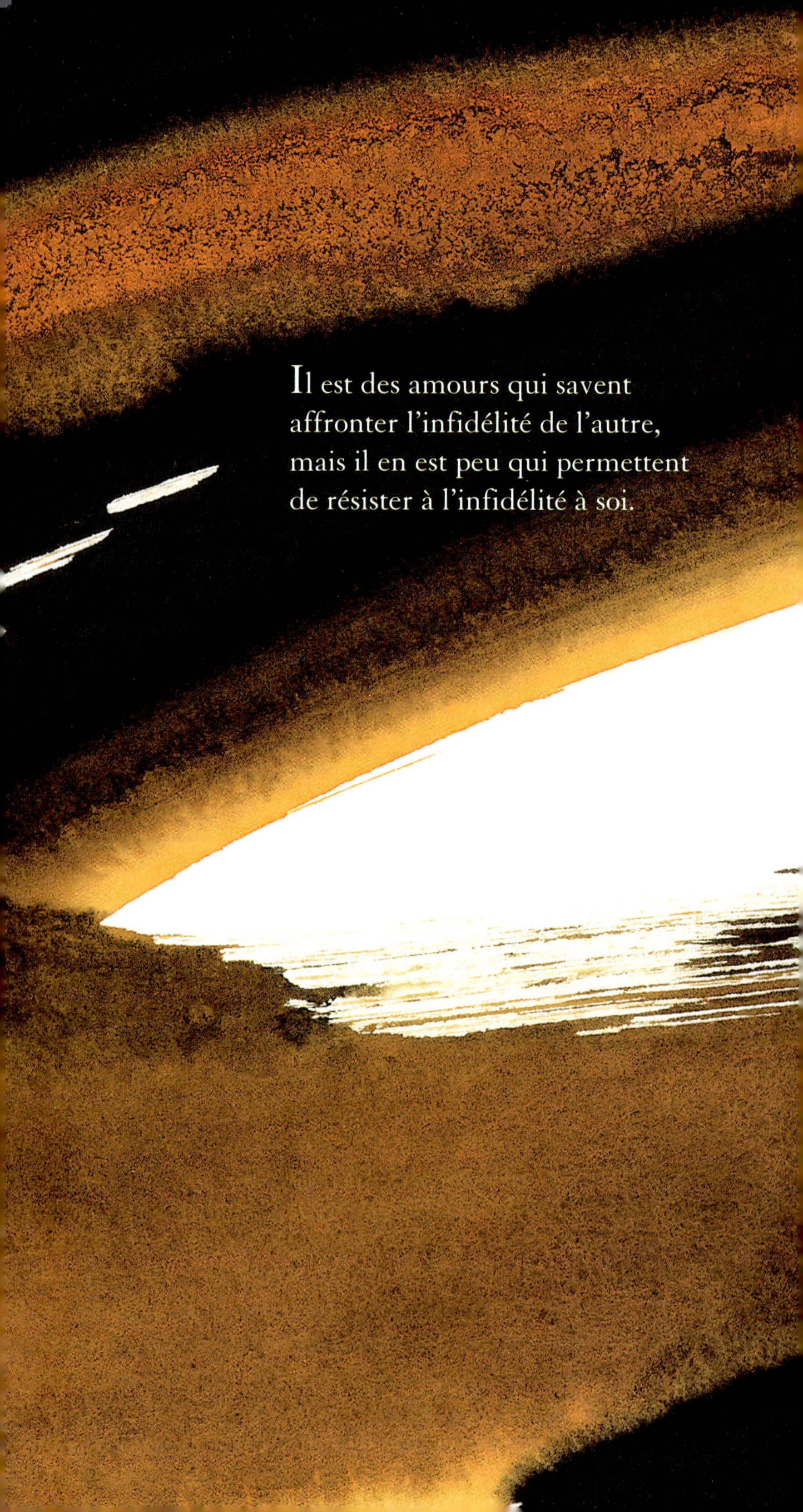

Il est des amours qui savent affronter l'infidélité de l'autre, mais il en est peu qui permettent de résister à l'infidélité à soi.

La jalousie est une maladie de l'amour,
elle peut dévorer en quelques années
toute la vivance d'un amour et dévitaliser
à jamais la relation amoureuse la plus joyeuse.

OUVRAGES DE JACQUES SALOMÉ

AUX ÉDITIONS ALBIN MICHEL

Papa, Maman, écoutez-moi vraiment

Je m'appelle toi

T'es toi quand tu parles

Bonjour tendresse

Contes à guérir, Contes à grandir

Heureux qui communique

L'Enfant Bouddha

Tarot relationnel

Charte de vie relationnelle à l'école

Communiquer pour vivre

C'est comme ça, ne discute pas !

En amour, l'avenir vient de loin

Éloge du couple

Tous les matins de l'amour… ont un soir

Les Mémoires de l'oubli (en collaboration avec Sylvie Galland)

Paroles à guérir

Pour ne plus vivre sur la planète Taire

Car nous venons tous du pays de notre enfance

Contes à aimer, contes à s'aimer

Dis papa, l'amour c'est quoi ?

Oser travailler heureux (en collaboration avec Christain Potié)

Lettres à l'intime de soi

Je t'appelle Tendresse

Je croyais qu'il suffisait de t'aimer…

Minuscules aperçus sur la difficulté d'enseigner

Minuscules aperçus sur la difficulté de soigner

Toi, mon infinitude (calligraphies de Hassan Massoudy)

Paroles de rêves (photographies de Vincent Tasso)

N'oublie pas l'éternité

Chez d'autres éditeurs

Supervision et formation de l'éducateur spécialisé (épuisé), Éd. Privat

Relation d'aide et formation à l'entretien, Presses universitaires de Lille

Parle-moi... J'ai des choses à te dire, Éd. de l'Homme

Apprivoiser la tendresse, Éd. Jouvence

Si je m'écoutais, je m'entendrais (en collaboration avec Sylvie Galland), Éd. de l'Homme

Aimer et se le dire (en collaboration avec Sylvie Galland), Éd. de l'Homme

Jamais seuls ensemble, Éd. de l'Homme

Une vie à se dire, Éd. de l'Homme

Le Courage d'être soi, Éd. du Relié, Pocket

Au fil de la tendresse (en collaboration avec Julos Beaucarne), Éd. Ancrage

Inventons la paix, Éd. Librio

L'Amour et ses chemins (en collaboration avec Catherine Enjolet), Éd. Pocket

Passeur de vies, Éd. Dervy, Pocket

Car nul ne sait à l'avance la durée d'un amour, Éd. Dervy

Chaque jour... la vie, Éd. de l'Homme

Un océan de tendresse, Éd. Dervy

Aimances, Éd. Le Regard fertile

Mille et un chemins vers l'autre, Éd. Souffle d'Or

Découvrir la communication relationnelle dès l'enfance
(en collaboration avec Kathleen Geerlandt), Éd. Jouvence

Je mourrai avec mes blessures, Éd. Jouvence

Vivre avec soi, Éd. de l'Homme

Vivre avec les miens, Éd. de l'Homme

Vivre avec les autres, Éd. de l'Homme

Écrire l'amour, Éd. Dervy

Si on en parlait, Éd. Jouvence

Jacques Salomé, Pocket

Le courage d'être soi, Éd. du Relié

Et si nous inventions, Éd. du Relié

Maquette : Céline Julien

22, rue Huyghens - 75014 Paris
www.albin-michel.fr
ISBN-13 : 978 2 226 16926 6
N° d'édition : 17311-2
Dépôt légal : octobre 2006
N° d'impression : L43136